†

MORT ET FUNÉRAILLES

DE

l'abbé CHOISELAT

SUP. DE LA CATHÉDRALE

DE SAINT-DIE

lamendar, et aberrationes non sunt in
nobis reddita.

Je me dégagerai, je me sacrifierai
pour vos âmes.

DÉCEMBRE 1875

SAINT-DIE, IMPRIMERIE ...

1875

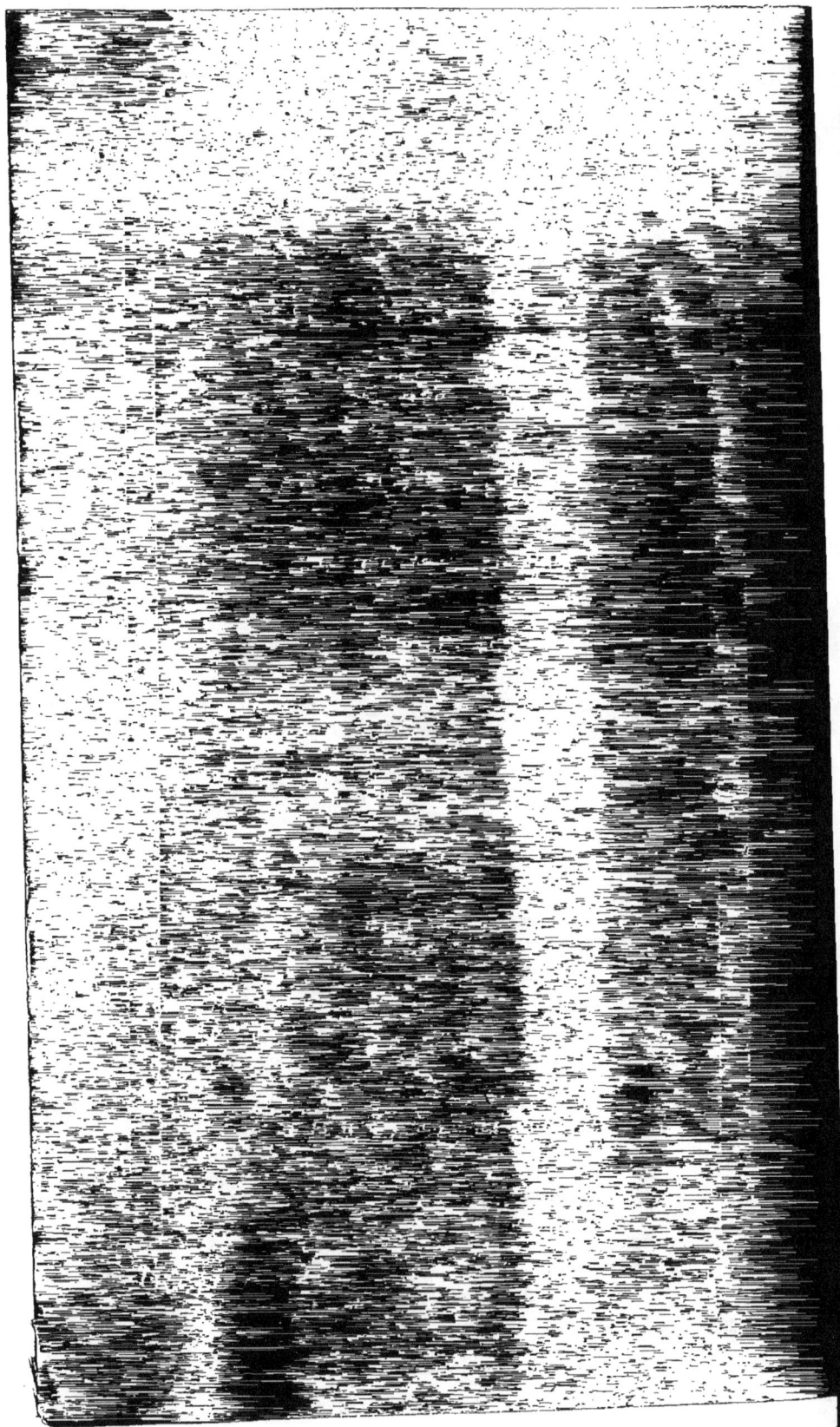

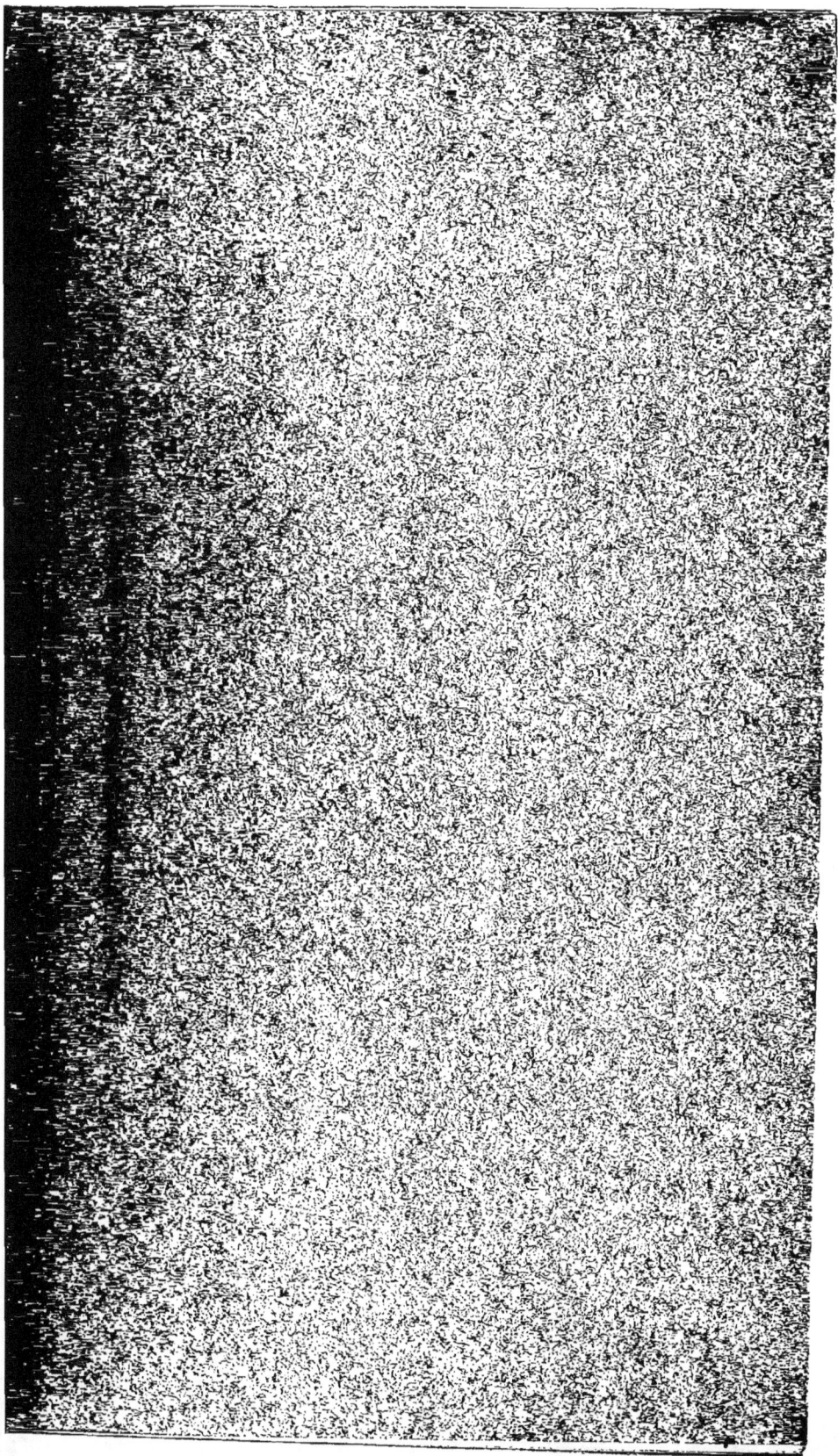

M. l'Abbé Pierre-Nicolas CHOISELAT

CURÉ DE LA CATHÉDRALE

NÉ A PARIS LE 3 OCTOBRE 1808, DÉCÉDÉ A SAINT-DIÉ LE 19 DÉCEMBRE 1875

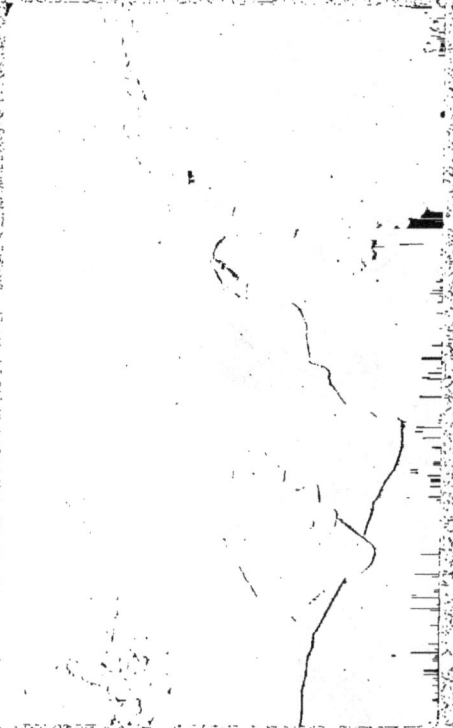

V. FRANCK, Phot. à St-Dié.

MORT ET FUNÉRAILLES

DE

M. L'ABBÉ CHOISELAT

———

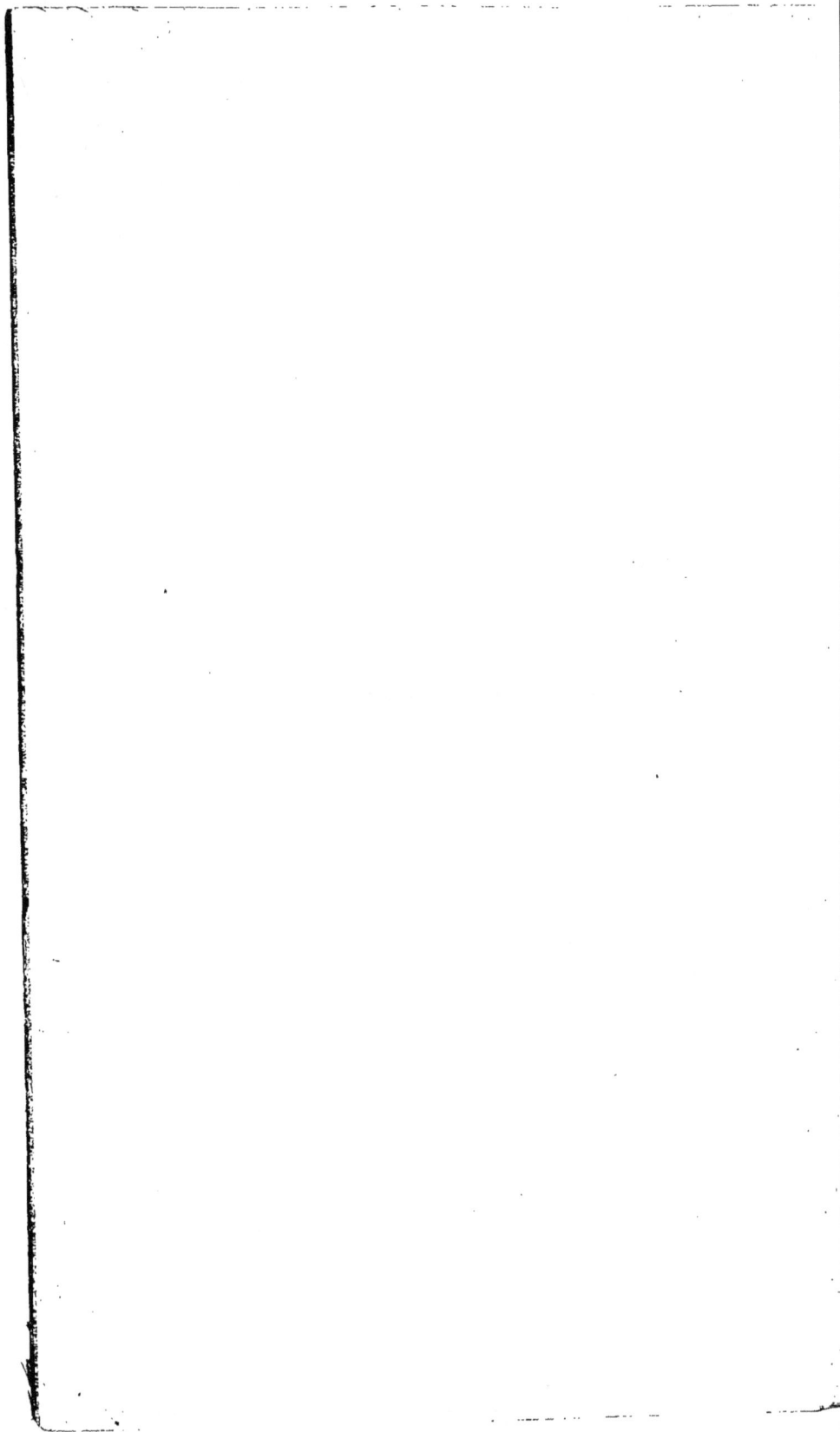

✝

MORT ET FUNÉRAILLES

DE

M. l'Abbé CHOISELAT

CURÉ DE LA CATHÉDRALE

DE SAINT-DIÉ

Impendar, et superimpendar pro animabus vestris.

Je me dépenserai, je me sacrifierai
pour vos âmes.

———

DÉCEMBRE 1875

———

SAINT-DIÉ, IMPRIMERIE L. HUMBERT

—

1875

*Impendar, et superimpendar pro
animabus vestris,*

Je me dépenserai, je me sacrifierai
pour vos âmes.

Il me semble impossible de mieux commencer ces
quelques lignes consacrées à la mémoire vénérée de
Monsieur Choiselat, que par ces paroles qui peignent
d'un seul trait la vie pastorale de ce saint prêtre au
milieu de nous. Pendant vingt-cinq ans nous l'avons
vu prêcher, confesser, faire le catéchisme, visiter les
pauvres et les malades, se faire tout à tous, donner

M. l'Abbé PIERRE-NICOLAS CHOISELAT était né à Paris, le 3 octobre 1808. Après avoir fait de brillantes études au séminaire de St-Sulpice,
il fut successivement Vicaire à St-Jacques-du-Haut-Pas, à St-Eustache,
et enfin à St-Denis. Quand Mgr Manglard, Curé de St-Eustache, fut nommé,
en 1844, à l'Evêché de Saint-Dié, il emmena avec lui son ancien Vicaire, en
qualité de Secrétaire particulier. La même année, M. Choiselat fut nommé
Chanoine titulaire, en remplacement de M. l'Abbé Bormand, qui avait
suivi à Versailles Mgr Gros. Enfin en 1851, il devint Curé de la Cathédrale.

ses jours, ses nuits, son repos, son argent, selon les besoins et les personnes ; et l'on s'était si bien habitué à le voir ainsi se prodiguer, qu'il semblait qu'il dût être immortel, et que la fatigue n'eût sur lui aucune prise. Aussi la consternation fut-elle grande, quand, dimanche matin, la funèbre sonnerie des morts apprit à la paroisse qu'elle avait perdu son Curé. La veille encore, malgré les déclarations nettes et précises des médecins appelés en consultation, on voulait espérer contre tout espoir ; on ne pouvait s'imaginer qu'une existence si utile, si précieuse à tous, dût se terminer si vite ; qu'une constitution, en apparence si robuste, pût céder à quelques jours d'une maladie dont la gravité ne s'était révélée qu'au dernier moment.

Et pourtant, il n'était que trop vrai ! Ce corps, usé par les fatigues incessantes d'un long apostolat, n'avait pu résister à quatre jours de souffrances, et l'âme s'en était échappée, sans regrets comme sans efforts, pour aller, dans un monde meilleur, jouir du repos qu'elle ne s'était jamais accordé parmi nous.

Le samedi matin, 18 décembre, le confesseur de M. Choiselat l'avait averti du danger de sa position, et lui avait demandé s'il ne voulait pas se confesser. « Volontiers, dit-il, faites-moi donner en outre les « derniers sacrements. » On accéda à ses vœux, et, dans l'après midi, à l'heure où d'ordinaire se chantent les vêpres du Chapitre, M. l'abbé Sublon, Vicaire Général, accompagné de MM. les Chanoines, lui porta la sainte Communion et l'Extrême-Onction. Monseigneur l'Évêque assistait à cette douloureuse cérémonie. Est-il nécessaire d'ajouter que notre saint Curé reçut avec la plus vive foi et la plus pieuse ardeur la dernière visite du Maître et les suprêmes consolations qu'il avait lui-même portées tant de fois au chevet de ses paroissiens mourants? « Je suis content de mourir, » disait-il après avoir été administré. Et son amour pour ses paroissiens l'emportant encore dans ce moment suprême sur le sentiment de ses propres souffrances et de sa situation, il fit approcher de son lit une personne qui était dans sa chambre, et à laquelle il avait toujours montré un vif intérêt, et lui prenant les mains avec effusion : « Élevez bien vos enfants, lui dit-il, « faites-en des chrétiens, je me souviendrai de vous « là-haut. »

Après minuit, il entra dans une douce agonie, et rendit sa belle âme à Dieu, dimanche à cinq heures et demie, au moment où sonnait l'*Angelus* du matin. Ses vicaires, agenouillés au pied de son lit, récitaient en sanglotant les prières des agonisants.

On le revêtit après sa mort des vêtements sacerdotaux, d'une aube en dentelle et d'une chasuble blanche; on le couvrit de sa barrette, et on plaça un crucifix entre ses doigts. Ainsi vêtu, comme aux jours de fête, il fut exposé sur un lit de parade orné de fleurs et de couronnes. Des cierges furent allumés autour de son corps, et la croix, symbole de salut et de résurrection, fut placée au-dessus de sa tête. Son visage n'avait rien perdu, après la mort, de sa sérénité; il semblait dormir; son extrême pâleur pouvait seule indiquer que la vie s'était retirée.

La fatale nouvelle se répandit rapidement dans la ville. On s'abordait avec tristesse, les larmes coulaient des yeux, et on s'entretenait douloureusement de la perte que venait de faire St-Dié. A la messe paroissiale, Monseigneur l'Évêque monta en chaire, et, prenant pour texte de son discours les paroles que j'ai placées en tête de ces lignes, il retraça, avec des accents émus, les qualités et les vertus du Pasteur que la mort venait d'enlever à la paroisse.

Voici, en termes affaiblis, l'analyse de cet éloge funèbre :

« J'ai tenu, mes bien chers Frères, à vous faire part « moi-même de la regrettable mort de votre vénéré « Curé, et à ne laisser à aucun autre cette pénible mis- « sion. C'est que M. Choiselat n'était pas pour moi un « étranger. Je l'avais connu à Paris, sur les bancs de « St-Sulpice, où déjà il nous édifiait par sa régularité « et ses vertus. Pendant vingt ans je l'avais perdu de « vue, quand je le retrouvai avec bonheur en prenant « possession du Siége épiscopal de St-Dié. Vous le « savez, il avait été amené au milieu de vous par « mon vénérable prédécesseur, Mgr Manglard, qui « avait toujours eu pour lui des bontés de père, et « auquel M. Choiselat avait, en retour, voué une re- « connaissance et un attachement de fils.

« Quand les infirmités et la maladie forcèrent

« M. Schwach, de digne mémoire, à remettre entre
« mes mains la lourde charge du fardeau pastoral, je
« ne crus pas pouvoir mieux faire, pour le remplacer
« dans ce poste difficile et délicat, que d'y appeler
« M. Choiselat, en qui je trouvais toutes les qualités
« désirables. Vous savez que je ne me suis pas trompé,
« et qu'il a répondu parfaitement à tout ce que j'at-
« tendais de lui.

« *Je me dépenserai, je me sacrifierai pour le salut de*
« *vos âmes,* telle semble avoir été la devise de sa vie
« pastorale à St-Dié. Du jour où il a pris possession
« de sa cure, il s'est dépensé tout entier pour ses
« paroissiens.

« Il vous a donné son cœur, vous aimant par-dessus
« tout et par-dessus lui-même. Il vous a donné tout
« son temps, ses jours et même ses nuits, pour pré-
« parer ses instructions si bien faites et si soigneuse-
« ment travaillées ; car M. Choiselat était un homme
« de science très-variée et très-étendue. Il y a huit
« jours encore, il occupait dans cette chaire la place
« que j'occupe en ce moment, et vous annonçait la
« parole de Dieu avec l'autorité de sa science et de
« ses vertus.

« Il vous donnait sa tranquillité tout entière, car sa
« porte était toujours ouverte à ceux qui venaient ré-
« clamer ses secours ou ses conseils. Son zèle et son
« dévouement étaient si absolus, qu'il ne s'accor-
« dait jamais le repos le plus légitime, les récréa-
« tions les plus permises, et que ne se refusent pas

« même les prêtres les plus dévoués. Tout son temps
« était à vous, et il ne connaissait d'autre chemin que
« celui de son église, où il prêchait et confessait, et
« celui de la demeure des pauvres et des malades,
« auxquels il prodiguait ses consolations et des sou-
« lagements.

   « Il vous donnait enfin son argent, car sa bourse
« était toujours *grande ouverte* pour toutes les misères
« et les infortunes; et ce n'est que quand il avait
« épuisé son dernier sou, qu'il recourait à moi et me
« demandait *pour ses pauvres.*

   « Avant que votre bon Curé descende dans la
« tombe, mes bien chers Frères, vous irez le voir sur
« le lit où il repose. Souvenez-vous que là encore il
« vous parlera. *Defunctus adhùc loquitur.* Il vous
« dira de suivre ses leçons, de vous rappeler ces avis
« qu'il vous a tant de fois donnés; et moi, j'ajouterai
« qu'en vous montrant dociles à ses leçons, vous ne
« ferez qu'imiter les exemples qu'il vous a donnés
« durant tout son séjour au milieu de vous; car il
« vous a toujours précédés dans le chemin où il vous
« invitait à marcher : *Cœpit facere et docere.*

   « Enfin, il vous demandera des prières pour lui,
« car, malgré la sainteté d'une vie irréprochable, le
« fardeau pastoral est si lourd pour des épaules hu-
« maines, que Dieu peut trouver des taches et des
« imperfections là où les hommes ne voient que sain-
« teté et vertu. Vous prierez donc pour votre bon
« Curé, et votre bon Curé vous le rendra au centuple.

« Et vous aurez ainsi contribué à lui donner une dou-
« ble couronne : celle de vos louanges d'abord, et
« celle du Paradis où vous le retrouverez un jour pour
« ne jamais le quitter. »

Pendant que Monseigneur parlait, les larmes ne
cessèrent de couler, et montrèrent au vénérable Prélat
que ses paroles avaient trouvé de l'écho dans tous les
cœurs.

Pendant les deux jours qui suivirent, jusqu'au moment des obsèques, la maison de Cure ne désemplit
pas. Toute la paroisse y est venue pour contempler
une dernière fois les traits de son Pasteur, et pour le
prier autant que prier pour lui. On s'approchait de
lui pour le voir de plus près ou le toucher; on lui
faisait toucher des médailles et des chapelets, comme
si ces objets devaient être bénis au contact des mains
qui s'étaient tant de fois levées au nom du Christ pour
absoudre, consoler ou bénir.

Et pourquoi non, au fait? L'Eglise, qui a donné
aux restes mortels des serviteurs de Dieu des places
d'honneur dans ses sanctuaires, nous défend-elle de
vénérer, après leur mort, ceux qui laissent derrière
eux le souvenir d'une vie sainte et pure? Et qui ne
connaît à St-Dié l'inépuisable charité de M. Choiselat!
Qui ne sait que tout son avoir passait entre les mains
des indigents! Qu'on me permette de raconter un trait
entre mille, et que je tiens de bonne source. Il y a
quelques années un pauvre malheureux était réduit à

la dernière misère. Le terme de la location était échu, il ne restait à la mansarde ni pain ni argent. Un mauvais dessein traversa son esprit ; il voulut laisser là ménage, femme et enfants pour aller chercher fortune ailleurs. Il s'en ouvrit à un voisin, qui avertit un des vicaires de M. Choiselat. A souper, l'abbé raconta la chose, le curé ne fit nulle réflexion. Mais, après le repas, et sans même attendre au lendemain, il alla chez le malheureux, et paya intégralement la location. Peut-être même ajouta-t-il quelque chose de plus. Que de traits semblables ne pourrait-on citer, qui montrent non seulement sa charité, mais encore l'empressement et la délicatesse avec laquelle il savait l'exercer.

Parlerai-je de cette affabilité, de cette prévenance, de cette politesse, qui, chez M. Choiselat, n'étaient qu'une forme variée de sa charité et de son humilité ! Toujours désireux de s'effacer et de n'être pas remarqué, il semblait, quand il rendait un service, qu'il fût l'obligé. On ne saura probablement jamais toutes les misères cachées qu'il a secourues.

Il est dès-lors facile de concevoir que la fortune laissée par le digne Curé de la Cathédrale, ne s'élève pas à un chiffre considérable : elle est à peu près insignifiante ; et quand on aura prélevé un legs de reconnaissance et une petite rente affectée à la célébration de messes pour le repos de deux âmes, (sans doute celle de Mgr Manglard et la sienne,) elle se réduira à peu près à rien.

Monsieur le Curé a laissé un testament, conçu en ces termes :

« Ceci est mon testament.

« Je recommande mon âme à Dieu, et le conjure « de la recevoir dans sa miséricorde.

« Je meurs dans le sein de l'Eglise catholique, « apostolique et romaine. Je crois tous les dogmes « révélés par le Sauveur à son Eglise, et en parti- « culier deux vérités que j'ai eu le bonheur de voir « ériger en dogme de mon vivant : la Conception « Immaculée de Marie, et l'infaillibilité dogmatique « du Souverain-Pontife.

. . . .

« Je désirerais bien faire d'autres dispositions ; « mais l'état de ma faible fortune me le permet-il ? « — A plus tard.

« Fait à Saint-Dié, le 11 Mars 1874.

« CHOISELAT,

« *Curé de la Cathédrale.* »

Si l'on ajoute aux qualités dont je viens de parler, une piété ardente et solide, un tact et une sûreté de vue qui faisaient de M. le Curé un guide éclairé et sage, ne comprendra-t-on pas l'empressement et la vénération qui ont porté à son lit funèbre ses nombreux paroissiens ?

Enfin, le jour des obsèques arriva.

Le corps de notre saint et regretté Curé fut porté

mardi dernier, 21 décembre, à sa dernière demeure, au milieu d'une foule immense, recueillie, attristée. L'empressement de la ville à rendre les suprêmes devoirs à son Pasteur était tel, que, sans les larmes et l'air désolé de tous les assistants, on eût cru assister à un triomphe plutôt qu'à des funérailles.

Les enfants des diverses écoles, les confréries avec leurs bannières voilées de crêpes, les communautés religieuses, le pensionnat des Frères et les élèves du Collége précédaient le clergé. Venaient ensuite les élèves du grand Séminaire, les prêtres et les chanoines en habit de chœur. M. l'abbé Pénant, doyen du Chapitre, faisait les obsèques. Le cercueil, porté par des séminaristes, était littéralement chargé de couronnes. Les cordons du poêle étaient tenus par MM. Josson de Bilhem, sous-préfet; Queuche, maire de la ville; Trotot, membre du Conseil de fabrique, et de Gondrecourt, membre de la Conférence de Saint Vincent de Paul, et vice-président du patronage des apprentis. Après le cercueil marchaient le frère du défunt, les Vicaires de la Cathédrale et les anciens Vicaires de M. Choiselat, beaucoup d'ecclésiastiques, puis la foule, compacte, interminable. Grands et petits, riches et pauvres se pressaient, soucieux de donner une dernière marque d'amour, de respect et de reconnaissance au saint prêtre.

Avant d'entrer à l'église le cortége parcourut une partie de ces rues que M. le Curé avait tant de fois parcourues pour porter aux malades les secours et les consolations de la religion, aux indigents, ses aumônes.

L'église avait été envahie avant la cérémonie par un grand nombre de personnes qui craignaient de ne pas trouver de place ; aussi une partie du cortége fut-elle obligée de rester dehors.

Le cercueil fut placé sous un catafalque entouré de cierges et d'écussons aux armes du Chapitre. Dans le chœur, la stalle du défunt était tendue de noir. La grand'messe fut chantée solennellement par deux chœurs placés à l'orgue et dans le sanctuaire ; l'offrande ne dura pas moins d'une heure. Monseigneur donna ensuite l'absoute, et l'on prit le chemin du cimetière. Le moment où l'on descendit le corps dans le caveau, fut un moment douloureux et imposant. Un millier de personnes était là, groupé autour de cette fosse ouverte, et le silence le plus profond régnait, interrompu seulement par des sanglots étouffés, et par les prières de l'Église.

La douloureuse cérémonie avait commencé à 10 heures du matin ; à 1 heure tout était terminé. La terre recouvre maintenant les restes mortels du vénérable Monsieur Choiselat, mais sa mémoire sera longtemps encore vivante dans cette ville, dont il a été pendant vingt-cinq années le Père et le modèle. Longtemps les pauvres se souviendront de celui qui les visitait et les consolait dans toutes leurs tribulations ; longtemps les malades se souviendront de sa bonté, de son inépuisable dévouement ; longtemps sa paroisse et la ville tout entière se souviendront de ses vertus et de sa sainteté ; car il fut véritablement au milieu de nous l'homme qui a passé en faisant le bien. Et la mémoire de cet homme-là ne meurt pas : *In memoriâ æternâ erit justus.*

Saint-Dié, 22 Décembre 1875.

A. S.

J'apprends au dernier moment qu'une souscription est en ce moment ouverte à la Cure de la Cathédrale pour élever à M. Choiselat un monument. Sans aucun doute les souscriptions seront assez abondantes pour que ce monument soit digne du pasteur et de la paroisse.